F. Isabel Campoy  Alma Flor Ada

Celebra
Juneteenth
y el cumpleaños de Malik

Ilustrado por Nathalia Rivera

—¡Malik, mira cuántos paquetes trae Mamá!

—¡Claro, Ayana! Deben ser cosas para mi fiesta de cumpleaños. ¡Seguro que eso redondo es la pelota de baloncesto que le pedí de regalo!

—Mira, Malik: parece que Abuela y la tía Maya van a coser algo bonito.

—¡Claro, Ayana! Debe ser algo para mi fiesta de cumpleaños. ¡Seguro que es el disfraz de Superman que les pedí de regalo!

—Mira, Malik: ¡Abuelo se ha pasado todo el día en el teléfono!

—¡Claro, Ayana! ¡Seguro que está llamando a mucha gente para invitarla a mi fiesta de cumpleaños! Ojalá que invite a los primos Martin y Michelle. ¡Hace mucho no los vemos!

—Es que viven muy lejos, Malik.

—¡Abuelo, Abuelo! —se acerca Malik, emocionado—. ¿Cuántos invitados van a venir a mi fiesta de cumpleaños?

—Ahora no tengo tiempo, niños. Estamos muy ocupados organizando la celebración de Juneteenth.

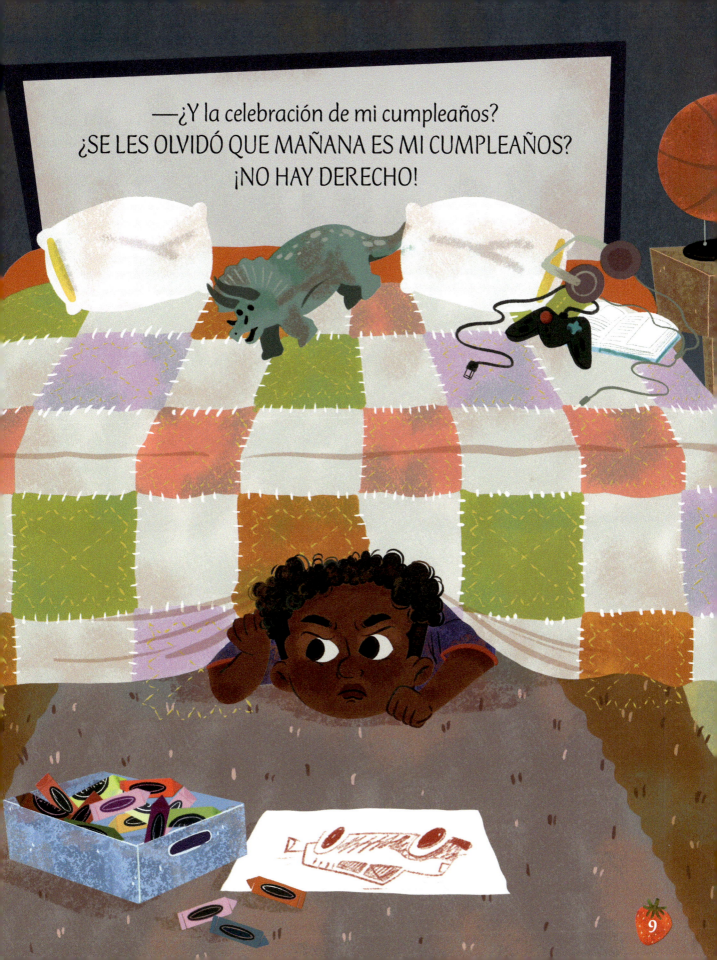

—¡Mira quiénes están aquí, Malik! —Ayana brinca de emoción.

—¡Venimos a celebrar tu cumpleaños! —dice Michelle.

—Y algo más que Papá dice que se llama "Juneteenth"… —añade Martin.

—Ayana y Malik, les pido que me disculpen; hace un rato andaba muy agobiado. Es que queremos que esta gran celebración salga bien.

—¿Te refieres a "Juneteenth", Abuelo? —pregunta Malik.

—Sí, es una fiesta tan importante como tu cumpleaños, ¡y las dos caen el mismo día!

—¿Y por qué es tan importante? —interrumpe Michelle.

—El 19 de junio celebramos el día en que nuestros antepasados se enteraron de que por fin eran libres.

—¿Libres? —se sorprende Martin.

—Sí, libres de la esclavitud. Ya no tendrían que trabajar gratis para sus amos blancos ni aceptar malos tratos. La libertad es algo muy valioso. ¡Por eso la celebraremos en grande, con toda la familia!

—¡Qué fiesta tan maravillosa! ¡Feliz cumpleaños a mí! ¡Feliz cumpleaños, libertad! —canta Malik antes de soplar sus ocho velas.

En la fiesta de Juneteenth se recuerda el 19 de junio de 1865, cuando los texanos negros que vivían en la esclavitud se enteraron de que por fin eran libres. La palabra *Juneteenth* salió de la combinación de las palabras en inglés "June" (junio) y "nineteenth" (decimonoveno, o el día 19).

Ese día, un militar, el teniente general Gordon Granger, le leyó al pueblo de Galveston, Texas, una nota del Gobierno que anunciaba que todas las personas esclavizadas de Estados Unidos eran libres.

Cuando escucharon la palabra "libres", los afroamericanos de Galveston comenzaron a saltar, bailar y abrazarse, dando gritos de alegría. Eso quería decir que ya no eran propiedad de esclavistas blancos. La libertad era un sueño que muchos creían que nunca se haría realidad. Por eso, ese día se sigue celebrando hoy con mucha emoción.

La esclavitud se inició en las trece colonias en 1619. Ese año llegó a Virginia el primero de muchos barcos llenos de personas negras traídas de África por la fuerza para trabajar en las tierras de agricultores blancos. Estas personas no recibían ningún pago por su trabajo y, con frecuencia, eran maltratadas.

Cuando Estados Unidos ganó la Guerra de Independencia, en 1783, la gente de las trece colonias se liberó de otro país llamado Gran Bretaña. Sin embargo, no todos los estadounidenses obtuvieron la libertad. Los afroamericanos no fueron libres hasta más de ochenta años después.

EE. UU. durante la Guerra Civil

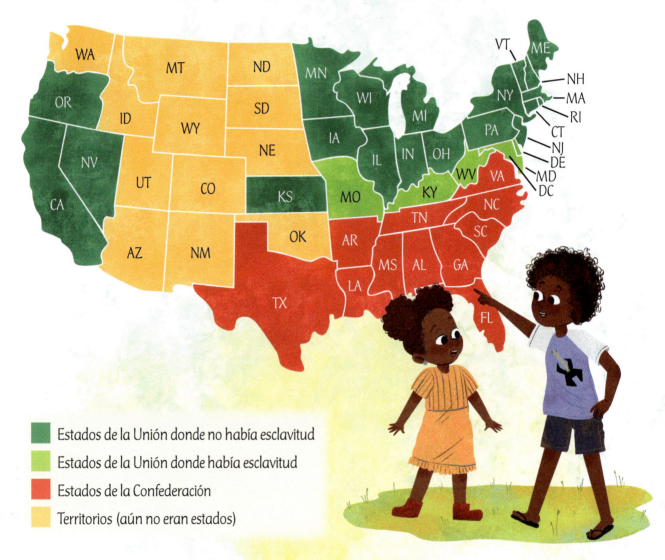

- Estados de la Unión donde no había esclavitud
- Estados de la Unión donde había esclavitud
- Estados de la Confederación
- Territorios (aún no eran estados)

En 1861, la esclavitud todavía existía en varios estados. Abraham Lincoln fue elegido presidente. Siete estados del Sur donde se practicaba la esclavitud se separaron de EE. UU. Sabían que a Lincoln no le gustaba la esclavitud, así que formaron su propio país (llamado la Confederación) para asegurarse de poder seguir teniendo personas esclavizadas.

El presidente les dijo que no podían hacer eso. Entonces estalló la Guerra Civil entre la Confederación y los estados que permanecieron en la Unión. Cuatro estados más se unieron a la Confederación. El 1.° de enero de 1863, Lincoln firmó la *Proclama de Emancipación*, un documento que les daba la libertad a todas las personas esclavizadas de los estados del Sur.

Al final, la Unión ganó la guerra, y Lincoln le dio la libertad a toda la gente negra de EE. UU., sin importar donde vivieran.

Los afroamericanos del estado de Texas fueron los últimos en enterarse de que la esclavitud se había acabado en EE. UU. Después del anuncio leído por el general Granger aquel 19 de junio, esta fecha se convirtió muy pronto en un día de celebración para todos los afroamericanos de Texas y del Sur.

Con el tiempo, Juneteenth se comenzó a celebrar en otros estados. Y, desde 2021, es un día feriado nacional, es decir, una fiesta de todo el país: ¡un día de celebración para todos los estadounidenses!

Juneteenth se celebra con eventos muy alegres, llenos de música, canto, baile y color, que son cosas características de la cultura negra.

Los desfiles también han sido muy importantes desde las primeras celebraciones. Los soldados negros que habían combatido en la Guerra Civil encabezaban los desfiles montados en caballos adornados con cintas.

Tampoco puede faltar comida deliciosa. Entre otras cosas, se comen cerezas, fresas, *red velvet cake* (pastel de terciopelo rojo), sandía, carne asada y ponche rojo. ¿Notas que todas estas comidas son rojas? Pues no es casualidad: el color rojo representa la valentía y la resistencia de las personas esclavizadas. También simboliza la sangre que derramaron las personas negras en su lucha por la libertad.

Otras actividades populares en Juneteenth son juegos de béisbol, pesca y rodeos. También se ondea la bandera de Juneteenth, que tiene los colores rojo, blanco y azul: los mismos de la bandera estadounidense. En la noche, pueden verse fuegos artificiales estallar en el cielo.

Es posible que la celebración de Juneteenth se te parezca mucho a la del Cuatro de Julio, el Día de la Independencia. Bueno, pues estos dos días feriados son similares. En ambos se celebra la libertad. La principal diferencia es que el Cuatro de Julio se celebra el día en que los estadounidenses se declararon libres del dominio británico; y en Juneteenth se celebra el día en que por fin *todos* los estadounidenses fueron libres.

Una familia afroamericana multigeneracional.
© Stockbroker/123RF

Letrero escrito con tiza en un pizarrón antiguo que explica el significado de la palabra "Juneteenth".
© MarekPhotoDesign/Adobe Stock

Un niño participa en un desfile de Juneteenth.
© Anaumenko/Adobe Stock (Generado por IA)

Personas afroamericanas celebrando Juneteenth.
© Elena/Adobe Stock (Generado por IA)

Grabado antiguo (1880–1881) titulado The Treaty, que muestra el traslado por barco de personas esclavizadas de África a América.
© PantherMediaSeller/Deposit Photos

Un grupo de afroamericanos conmemoran Juneteenth, vistiendo ropa de la época en que se proclamó la abolición de la esclavitud en Estados Unidos.
© Lucas Comba/Adobe Stock (Generado por IA)

Detalle de la estatua de Harriet Tubman, luchadora por la libertad de las personas esclavizadas, en el barrio South End, en Boston, Massachusetts.
© Heidi Besen/Shutterstock

Grabado antiguo que muestra a personas esclavizadas trabajando en una plantación de algodón en EE. UU., alrededor de 1860.
© Archivist/Adobe Stock

Representación del presidente Abraham Lincoln firmando la Proclama de Emancipación, documento con el que se abolió la esclavitud en EE. UU.
© Szalai/Adobe Stock (Generado por IA)

Moneda de un centavo, en la que aparece el rostro del presidente Abraham Lincoln.
© Somchai Som/Shutterstock

Billete de cinco dólares, en el que aparece el rostro del presidente Abraham Lincoln.
© Wedmoscow/Deposit Photos

Monumento a la Emancipación y la Libertad, inaugurado en 2021 en Brown's Island, Virginia, para conmemorar el 150.° aniversario de la Proclama de Emancipación y la abolición de la esclavitud en EE. UU.
© OJUP/Shutterstock

Un padre y su hijo participan en el Segundo Desfile Anual de Juneteenth en Market Street, San Francisco, California.
© Sheilaf2002/Deposit Photos

Varias personas, vestidas con ropa de colores vibrantes, participan en una celebración de Juneteenth.
© PrettyStock/Adobe Stock (Generado por IA)

Un hombre y varios niños bailan en un escenario durante una celebración de Juneteenth, en La Crosse, Wisconsin.
© Aaron of L.A. Photography/Shutterstock

Una multitud se reúne en un día soleado para participar en la 13.ª Celebración Anual de Juneteenth, en Prospect Park, Brooklyn, Nueva York.
© Wirestock Creators/Shutterstock

Jóvenes afroamericanos tocan tambores en una celebración de Juneteenth.
© DigitalArt Max/Adobe Stock (Generado por IA)

Policías y bomberos participan en el Segundo Desfile Anual de Juneteenth, en Market Street, San Francisco, California.
© Sheilaf2002/Deposit Photos

Desfile de Juneteenth en San Francisco, California.
© Sheila Fitzgerald/Shutterstock

Niñas afroamericanas, con trajes típicos africanos, desfilan en carroza durante una celebración de Juneteenth.
© Pixardi/Adobe Stock (Generado por IA)

Una familia afroamericana celebra Juneteenth con una barbacoa.
© Monkeybusiness/Deposit Photos

Platos tradicionales de Juneteenth, como carne en barbacoa, pastel de terciopelo rojo y fresas.
© Kateryna/Adobe Stock (Generado por IA)

Un pastelito de terciopelo rojo, uno de los postres tradicionales de la celebración de Juneteenth.
© Rawpixel (Generado por IA)

Ponche rojo, una de las bebidas tradicionales de la celebración de Juneteenth.
© NewAfrica/Deposit Photos

La bandera de Juneteenth ondeando junto a la bandera estadounidense.
© Rarrarorro/Deposit Photos

Varios niños observan fuegos artificiales, una de las maneras en las que se celebra Juneteenth.
© Wavebreakmediamicro/123RF

Un grupo de estadounidenses de diferentes razas y edades se reúnen para celebrar Juneteenth.
© Rawpixel

Celebrar y crecer

A lo largo de la historia y en todas partes del mundo, la gente se reúne para celebrar aniversarios históricos, conmemorar a alguna persona admirable o dar la bienvenida a una época especial del año. Detrás de toda celebración está el reconocimiento de que la vida es un regalo maravilloso y que el reunirnos con familiares y amigos produce alegría.

En una sociedad multicultural como la estadounidense, la convivencia entre grupos tan diversos invita a un mejor conocimiento de la propia cultura y al descubrimiento de las demás. Quien profundiza en su propia cultura se reconoce en el espejo de su propia identidad y afirma su sentido de pertenencia a un grupo. Al aprender sobre las culturas ajenas, podemos observar la vida que se abre tras sus ventanas.

Esta serie ofrece a los niños la oportunidad de aproximarse por primera vez al rico paisaje cultural de nuestras comunidades.

Juneteenth

Hay momentos en la historia que deben ser recordados porque marcaron un cambio muy importante en la sociedad que lo celebra. Juneteenth marcó el final de una injusticia que no debió ocurrir nunca. Después de cuatro años de Guerra Civil entre el Norte y el Sur de Estados Unidos, el 19 de junio de 1865 llegó a Galveston, Texas, el general Granger con la feliz noticia de que la población afroamericana había alcanzado la libertad y ya nunca podría ser esclavizada.

Desde hace más de un siglo y medio, ese día es una ocasión feliz en la que se reúnen familias y comunidades afroamericanas para que no se olviden su dignidad ni su libertad. A partir del año 2021, Juneteenth fue declarado un día de fiesta para todos los estadounidenses, un país con "libertad y justicia para todos", como lo afirma el Juramento de Lealtad de nuestra nación. La música, la buena comida y los bailes alegran la celebración de esa gran fecha.

F. Isabel Campoy & Alma Flor Ada

*Para mi biznieta Ziana, celebrando su herencia y su libertad.
Con inmenso cariño.*

AFA

A Ziana, uniéndome a su alegría. Siempre con cariño.
FIC

© 2025, Vista Higher Learning, Inc.
500 Boylston Street, 10th Floor
Boston, MA 02116-3736
www.vistahigherlearning.com
www.loqueleo.com/us

© Del texto: 2025, Alma Flor Ada y F. Isabel Campoy

Dirección Creativa: José A. Blanco
Vicedirector Ejecutivo y Gerente General, K–12: Vincent Grosso
Editora Ejecutiva: Julie McCool
Desarrollo Editorial: Salwa Lacayo, Isabel C. Mendoza
Diseño: Radoslav Mateev, Gabriel Noreña, Verónica Suescún, Andrés Vanegas, Manuela Zapata
Coordinación del proyecto: Karys Acosta, Tiffany Kayes
Derechos: Jorgensen Fernandez, Annie Pickert Fuller, Kristine Janssens
Producción: Thomas Casallas, Oscar Díez, Sebastián Díez, Andrés Escobar, Adriana Jaramillo,
    Daniel Lopera, Daniela Peláez
Ilustraciones: Nathalia Rivera

Celebra Juneteenth y el cumpleaños de Malik
ISBN: 978-1-66993-519-3

A New Sunrise / Un nuevo amanecer © F. Isabel Campoy (artwork & photo, page 3)

Todos los derechos reservados. Esta publicación no puede ser reproducida, ni en todo ni en parte,
ni registrada en o transmitida por un sistema de recuperación de información, en ninguna forma
ni por ningún medio, sea mecánico, fotoquímico, electrónico, magnético, electroóptico, por
fotocopia o cualquier otro, sin el permiso previo, por escrito, de la editorial.

Printed in the United States of America

1 2 3 4 5 6 7 8 9 GP 30 29 28 27 26 25